LA

POLITIQUE

EN

NOVEMBRE 1864

TIMBRE
cen.
6.
SEINE

TIMBRE
cen.
½
SEINE

LA

POLITIQUE

EN

NOVEMBRE 1864

PAR J. LABBÉ

Rédacteur de *l'Opinion nationale*

SOMMAIRE

L'Histoire à la vapeur. — Le Bilan de 1864 : Peuples assassinés, Constitutions violées, enfants volés. — Qui parle encore de la Pologne ? — L'entrevue de Nice. — Le Coq rouge. — La Russie brûle. — Question romaine : *Non possumus*. — L'Eglise et la Civilisation. — Le Traité du 15 septembre et ses commentateurs. — Unité et véritables tendances de la politique française. — Socrate et M. de La Guéronnière. — La Comédie des officieux. — L'Empire et la Congrégation. — Le Couronnement de l'édifice.

PARIS

E. DENTU, LIBRAIRE-ÉDITEUR

PALAIS-ROYAL, 17 ET 19, GALERIE D'ORLÉANS

1864

LA

POLITIQUE

EN

NOVEMBRE 1864

I

L'histoire se fait vite au temps où nous vivons. Depuis six mois, que d'événements, grands ou mesquins, tristes ou burlesques, qui ont eu le privilége d'agiter l'opinion pendant une heure et qui sont oubliés aujourd'hui !

Après les élections du 20 mars, qui continuèrent si glorieusement le mouvement libéral inauguré au 31 mai et au 14 juin, poursuivi avec succès au scrutin du 14 décembre ; après l'éclipse de l'alliance Franco-Anglo-Autrichienne, après l'avortement du Congrès et les brillants débats de l'Adresse au sein du Corps législatif, nous avons vu successivement se dénouer

2

la tragédie polonaise et cette scandaleuse comédie où l'Arlequin austro-prussien, barriolé de droit divin et d'hypocrisie *nationaliste*, a fait payer au pauvre Danemark les frais des coups de bâton dont il a gratifié l'échine démocratique des bourgeois du Sleswig et du Jutland. Nous avons suivi avec curiosité les tours d'escamotage de M. de Bismark, ce Richelieu des piétistes et des féodaux prussiens, qui mit si prestement dans sa poche la Gauche de Berlin, le *National-verein*, le *Reformverein* et tous les *vereins* de la blonde Allemagne, et la sérénissime Diète de Francfort, et M. de Beust le Saxon, et M. Von der Pfordten le Bavarois, et S. A. Ernest de Saxe-Cobourg-Gotha, jadis romantique chevelu aux premières représentations d'*Hernani*, aujourd'hui empereur *in partibus* des étudiants de Leipzig et d'Heidelberg, à qui il ne manque que cent mille hommes et un Garibaldi pour être le Victor-Emmanuel du pays où s'endormit Barberousse et où fleurit le *vergiss-mein-nicht*. Nous avons eu la loi des coalitions, imbroglio parlementaire fertile en enseignements, et *la Grande trahison d'Émile Olivier*, arrangée et mise en scène par M. de Girardin, et dont M. Darimon eût bien voulu qu'on parlât plus longtemps; et le procès des Treize, qui a bouleversé toutes les notions d'arithmétique reçues jusqu'à ce jour; et le réquisitoire de M. le substitut

Malher, et le plaidoyer de Me Jules Favre, qui eu l'insigne honneur de rendre inutile celui de Me Berryer. Nous avons vu bien des journaux avertis et plus d'un journal suspendu. Nous avons assisté à la fermeture de la salle Barthélemy, où, pendant trois mois, on vit les privilégiés de l'intelligence et les serfs du travail fraterniser dans la sainte communion de la pitié. La session des conseils généraux ne nous eût laissé aucun souvenir, si M. Rouher et M. de Persigny n'eussent fait, avec une égale autorité, l'un la théorie de la décentralisation, l'autre la philosophie de la centralisation à l'usage des Girondins et des Jacobins du second empire, et si l'honorable M. Latour du Moulin n'eût prononcé l'oraison funèbre du tiers parti, cette combinaison éclose dans le cerveau fantasque des rédacteurs de *la France* et de *la Presse*, qui a été rejoindre dans le gouffre de l'oubli *la Pologne libre dans la Russie libre*, et les autres vieilles lunes de la politique. Nous avons écouté, sans rire, les échos qui nous apportaient de Carlsbad et de Kissingen des bruits de sainte-alliance. L'agence Havas-Bullier, dont on ne saurait trop admirer l'impartialité, nous a appris pour la vingt-troisième fois l'adhésion du général Doblado à l'empire; elle nous a entretenus des succès des généraux esclavagistes, succès qui ressemblent fort à ceux du roi Pyrrhus, et des attentats trop réels de l'Espagne contre le Pérou, qui a le double tort d'être faible et d'être libre, et de ses tristes victoires sur les patriotes de Saint-Domingue, qui lui fut livré par la plus infâme trahison. Nous avons fait preuve de patience en ne sifflant pas les circulaires *libérales* de M. Gonzalez Bravo et de don Maria Ramon Narvaez, ce duc de Valence dont la *Némésis* disait naguère :

C'est ce don Narvaez, petit Caligula,
Dans le palais des rois dansant *la tragala*,
Grand prêtre d'abattoir, qui, sur un taurobole,
Achève d'équarrir la carcasse espagnole,
Et que vous proclamez absous de tous remords
Quand son pardon posthume a gracié des morts.

La reine Christine nous a quittés pour rentrer sur la terre d'Espagne..., noble et triste pays, qui n'a guère à choisir qu'entre les *pronunciamientos* de Prim et ceux d'O'Donnel, entre le grand sabre de Narvaez et le grand sabre d'Espartero, où le moine et le soldat régneront longtemps encore, à moins que la Révolution ne s'en mêle; où les Bourbons continuent les Hapsbourgs, où chaque nouveau ministre parodie Alberoni, où la sœur Patrocinio a des extases avec garantie du gouvernement! Deux royaumes voisins, tous deux asiles de la libre pensée, ont vu se succéder le Congrès de Malines, où M. de Montalembert n'est point allé, et le Congrès d'Amsterdam, horrible conciliabule de déistes, de panthéistes et de francs-maçons. Les électeurs belges ont répondu *non* aux hommes pieux qui leur conseillaient d'annexer la Belgique aux États-Romains. Les Chinois ont repris Nankin. Nous avons conquis la Cochinchine, et nous sommes en train de reconquérir l'Algérie Alexandre-Liholiho-Kaméhaméha IV, roi des îles Sandwich, a fait son coup d'État; George, roi des Hellènes, a ébauché le sien. Christian IX, souverain maladroit qui perdit deux provinces, heureux père de famille qui a placé son fils sur le trône de Grèce, ses deux filles, Alexandra et Dagmar, sur les marches mêmes du trône d'Angleterre et du trône de Russie, rêve aux moyens d'enlever à son peuple ce qui lui reste de liberté, et d'empêcher la formation de l'unité scandinave. M. Gladstone a voyagé en Angleterre et a scandalisé les vieux whigs et les vieux tories en parlant de réforme électorale devant un peuple qui meurt de faim. M. de Bismark a voyagé en France, mais on ignore ce qu'il y a dit. En Autriche, M. de Rechberg a fait place à M. de Mensdorff-Pouilly, le geôlier des patriotes de la Gallicie. Le prince Gortchacow a crié bravo! et nos officieux de Paris, qui sont toujours contents, ont applaudi à l'unisson. Enfin, depuis six mois on a assassiné trois peuples (Pologne, Danemark et Circassie), violé plusieurs constitutions, séquestré un grand nombre de libertés, et le gouvernement des cardinaux a volé un enfant, dont il a exilé la mère.

II

Les questions qui dominent la situation en Europe, à l'heure où nous écrivons, sont toujours la question polonaise et la question romaine.

Nous n'ignorons pas, en écrivant ces deux mots : *Question polonaise*, que nous prêtons à rire aux habiles et aux sages, aux experts en matière de politique internationale, aux théoriciens du fait, aux hommes forts qui font bon marché de ce préjugé qu'on appelle l'humanité, de cette abstraction qu'on appelle la conscience.

Mais nous avons le caractère si mal fait qu'il nous plaît de faire rire à nos dépens les gens d'esprit.

« La Pologne.... une actualité! Allons donc! la Pologne est morte! Qui parle encore de la Pologne? »

Qui parle de la Pologne? – Ceux qui pensent que nulle âme de peuple ne peut périr; ceux qui n'ont pas oublié que, pendant cinq cents ans, la nation de Sobieski a été le rempart vivant de la chrétienté contre l'invasion mongole et moscovite, ceux qui se souviennent que depuis 1789 le peuple de Kociusko a été le plus vaillant athlète de la Révolution; qu'en combattant *pour sa liberté et pour la nôtre*, il a mêlé son sang au sang de la France sur tous les champs de bataille; ceux qui voient dans l'empire des czars la réserve de la réaction cosmopolite, qui veulent que l'Occident puisse achever en paix sa réforme politique, sociale et religieuse, sans avoir à livrer une suprême bataille aux exécuteurs du testament de Pierre le Grand; ceux qui ne veulent pas que la seconde partie de la prédiction du prisonnier de Sainte-Hélène s'accomplisse; ceux qui croient, en un mot, qu'une Pologne est nécessaire, comme boulevard de l'Occident, comme *marche* de la civilisation.

« La Pologne est morte! » — On disait aussi, il y a dix ans, que l'Italie était *la terre des morts*; et aujourd'hui on peut mesurer la vitalité de l'Italie à la vigueur des haines qu'elle soulève dans le camp théocratique et féodal. — Dans cette lutte d'un peuple désarmé contre un empire qui s'appuie sur huit cent mille soldats, dans cet holocauste de deux ans qui commença par le massacre d'une ville en prières et qui a immortalisé Berg et Mourawieff, comme le Colisée a immortalisé les Césars, savez-vous qui a été frappé à mort? — Ce n'est pas la Pologne, c'est la Russie.

Ne riez pas... songez plutôt à ce qui s'est passé à Nice.

Pense-t-on qu'Alexandre II soit venu en France uniquement pour conduire l'impératrice Marie sur les plages tièdes de la Méditerranée ? Et si, comme cela est évident, son voyage avait un autre but, croit-on qu'il en soit revenu satisfait?

Les fanfaronnades de *l'Invalide russe* ne trompent personne. Il ne sert de rien aux journaux de Saint-Pétersbourg et de Moscou de faire les dédaigneux après coup, de crier bien haut qu'on n'a pas besoin d'une alliance que la pudeur française a déclarée impossible, d'accumuler les épithètes injurieuses contre les organes de l'opinion parisienne. Un fait est acquis : la Russie a pensé se faire amnistier par la France, et la France a répudié cette complicité.

De cette entrevue de Nice, qu'on annonçait comme une seconde entrevue de Tilsitt, qu'est-il resté ? — Rien, qu'une ironie du czar, roi de Pologne, la croix polonaise de Saint-Stanislas donnée à un haut fonctionnaire de la maison de l'Empereur, après avoir décoré la poitrine de Miloutine.

Nous nous trompons. Il y a encore autre chose.

Il est désormais avéré que le *pacificateur* de la Pologne n'a pas osé venir à Paris, ou que, s'il y est venu, il s'y est caché. Un défenseur du pouvoir temporel écrivait, l'autre jour, « que toutes les religions ont eu leur ville sainte. » Paris est la ville sainte de la Révolution : elle a été consacrée, le 14 juillet 1789, par un pontife qui, la veille encore, était la foule sans nom, et qui ce jour-là, pour la première fois, s'appela LE PEUPLE. Le czar a respecté cette consécration : il a bien fait.

L'alliance de la France et de la Russie semblait accomplie au lendemain de la guerre de Crimée : elle n'étonnait personne. En effet, les intérêts des deux nations ne sont pas nécessairement en contradiction ; leurs aspirations vers un accroissement d'influence, ou même de territoire, ne se contrarient point d'une manière fatale. Aujourd'hui on n'ose plus parler de cette alliance, et le journal *la France* l'a déclarée lui-même impossible. L'alliance franco-russe est morte. Qui l'a tuée ? — La Pologne.

La malédiction de la Pologne a isolé la Russie.

Elle a fait plus encore. L'insurrection polonaise, en expirant, a légué à la Russie les germes d'une révolution sociale.

Ce n'est pas ici le lieu de raconter comment, par les fautes de la fraction aristocratique et cléricale de l'émigration polonaise, les paysans restèrent, sur beaucoup de points, indifférents à l'insurrection. Disons seulement que la Russie profita de ces fautes, en opposant au mouvement national un mouvement égalitaire, en armant, surtout en Lithuanie, les serfs contre les seigneurs. Les hommes qui conçurent ce plan ne furent point médiocres; mais, tout entiers aux périls du présent, ils ne voyaient pas jusqu'où leur politique d'expédients pouvait les conduire.

Aujourd'hui le parti qui domine en Russie professe des doctrines qui sont un singulier mélange *d'autoritarisme*, de communisme et de fanatisme orthodoxe. Ce parti a peu à peu écarté des affaires le grand-duc Constantin et tout ce qui en Russie était suspect de modération. C'est à lui, c'est à la secte de MM. Pogodine, Miloutine, Katkoff, etc., que le czar a livré la Pologne, avec mission d'y accomplir la *Réforme sociale*, c'est-à-dire d'y désagréger la nationalité, en y organisant la commune sur un plan que ne désavoueraient pas certains enfants perdus du socialisme occidental. Le jour où le plan Pogodine aurait reçu sa parfaite exécution, ce jour-là, nous l'avouons, il n'y aurait plus de Pologne; mais ce jour-là aussi, aux communistes autoritaires succéderaient les communistes révolutionnaires, avec le mot d'ordre d'Herzen et de Bakounine : *Terre et liberté.*

Et voici que des symptômes alarmants éclatent déjà au cœur de la Moscovie. Les sociétés secrètes s'y multiplient. Il ne s'agit plus seulement des Raskolniks, vieux croyants, plus orthodoxes que le czar; on entend, en prêtant l'oreille, un bruit sourd, comme celui d'une armée qui marcherait dans un souterrain. Ce sont les *Compagnons du salut public*, les *Chevaliers russes*, les *Nihilistes*, qui creusent leur sape sous l'empire des czars. Dans vingt villes et dans cent villages, au cœur même de Saint-Pétersbourg, les paysans arborent le *Coq rouge*, c'est-à-dire l'incendie, contre les seigneurs; une cité de 30,000 âmes, Simbirsk, vient de s'écrouler dans les flammes; on avait placé des barils de poudre sous toutes les églises.

La Russie brûle! — C'est le châtiment de Caïn.

III

La question romaine jouit d'un singulier privilége : seule, elle passionne encore un public devenu à peu près indifférent à toute autre préoccupation politique.

Il ne faut point s'en étonner. En effet, la question romaine est bien plus qu'une question italienne ou française : elle est essentiellement européenne, ou, pour mieux dire, universelle. Elle n'intéresse pas seulement la nation qui revendique Rome comme sa capitale, ou le gouvernement dont les armées occupent depuis quinze ans la ville des papes ; elle touche au problème essentiel de notre époque ; et de sa solution dépend la justification ou la condamnation de ce grand mouvement de l'esprit humain qui s'est appelé tour à tour, Renaissance, Réforme, Philosophie, Révolution, et qui n'est que la réaction de la justice contre la religion de la grâce et le gouvernement du privilége.

Toutes les contradictions religieuses et politiques de notre époque sont au fond de cette question.

Nous rencontrons en Europe, à l'heure où nous sommes, deux espèces de gouvernements. Les uns invoquent, comme principe de leur souveraineté, le droit divin : en d'autres termes, ils affirment l'autorité royale, comme émanant directement de Dieu, et s'imposant aux peuples avec la force d'un dogme indiscutable. Les autres déclarent puiser leur source dans la volonté nationale : ils affirment l'autorité du peuple comme étant l'origine de tous les pouvoirs, qui ne sont plus que des délégations.

Or, un gouvernement existe, qui est la plus haute affirmation de la doctrine qui attribue à toute autorité une origine surnaturelle : ce gouvernement, c'est celui du pape-roi. Les autres souverains peuvent transiger avec le droit moderne; ils peuvent remettre entre les mains du peuple leur royauté, pour la recevoir de nouveau du suffrage universel par voie de délégation; ils peuvent se dire empereurs ou rois par la volonté nationale, et l'être en effet. Le pape-roi ne le peut pas : NON POSSUMUS. Le pape ne peut pas adhérer à une doctrine qui assigne à l'autorité une origine purement humaine, qui substitue la justice à la grâce, qui met la loi à la place du miracle. « *Sint ut sunt, aut non sint* ; » qu'ils soient comme ils sont, ou qu'ils ne soient pas. Cette devise de la Société de Jésus est celle de toute la société catholique, et du pape, son chef visible.

Pie IX ne peut pas être à la fois pontife par la

grâce de Dieu, par l'intervention miraculeuse du Saint-Esprit, et roi par la volonté du sénat et du peuple romain. Le successeur de Grégoire VII, d'Innocent III, le représentant d'une institution qui fut pendant mille ans l'axe sur lequel Jéhovah faisait tourner le monde, ne s'abaissera point à disputer un lambeau de pouvoir à une chambre d'industriels et d'avocats. Un dogme ne transige pas; et le pape n'est pas seulement un dogme : il est le dogme vivant; il est l'immuable, parce qu'il est l'infaillible. Demander à Pie IX d'agir autrement qu'il ne fait, c'est lui demander l'impossible. Il reste, et il restera jusqu'à la fin, debout dans sa grande solitude du Vatican, regardant la Révolution face à face, vainqueur ou vaincu ; mais incapable d'une transaction. Et ce n'est pas nous qui méconnaîtrons la grandeur de ce spectacle.

La conciliation étant impossible à Rome entre le principe du droit divin et le principe du droit national, il faudra tôt ou tard que l'un des deux succombe : or, celui des deux qui aura succombé à Rome succombera dans le monde entier. Rome est le champ clos prédestiné où l'esprit des sociétés théocratiques et féodales (c'est-à-dire l'Esprit de la Grâce) et l'esprit de la Révolution (c'est-à-dire l'Esprit de la Justice) se livreront leurs derniers combats.

Quant à nous, nous ne doutons pas du résultat final. Nous croyons que l'heure de la justice est proche, et que les institutions du passé, fondées sur la religion du petit nombre des élus, doivent disparaître. Mais ce beau soleil de la liberté et de l'égalité ne peut luire que le jour où les dogmes eux-mêmes auront été transformés.

L'état politique et social d'un peuple n'étant jamais que l'expression de son état religieux, le temporel découlant du spirituel, comme le fait de l'idée, il en résulte que les seules révolutions qui réussissent sont celles qui sont précédées d'une réforme religieuse. Ne parlons pas de démocratie, tant que les idées de déchéance, de miracle, d'autorité transcendante, de grâce et de prédestination auront cours parmi nous. Pour que l'homme devienne souverain dans la sphère des faits politiques et sociaux, il faut d'abord qu'il se sente souverain dans le domaine des faits de conscience. Et pour cela, il est nécessaire que la plus haute des institutions du passé s'écroule sur sa base. Nous ne nous dissimulons pas les épouvantes de cet écroulement. Nous ne nous refusons pas à nous incliner devant la majesté de cette ruine immense; et ce respect religieux qui nous frappe en présence des monuments des civilisations gigantesques de la Haute-Asie, nous l'éprouvons déjà en présence de cette Rome qui va, pour la seconde fois, déchoir de la souveraineté du monde. Mais le progrès est inflexible, et chacun de nous en doit être l'ouvrier. Nous cherchons un nouveau monde, et, tant que nous n'aurons pas abordé sur la plage promise, il ne nous sera pas permis de nous retourner en pleurant vers la terre où nous avons balbutié les prières de notre enfance.

Donc, point d'insulte au passé, mais point de transaction avec lui. Rome fut, pendant dix siècles, la nourrice du genre humain; elle n'est plus aujourd'hui que l'obstacle aux destinées providentielles de la Révolution. C'est à Rome qu'il faut proclamer la déchéance définitive de la Grâce, l'avénement définitif de la Justice.

IV

Aimez-vous les commentaires ?

Pour moi, je ne les aime guère.

Ils n'ont jamais servi qu'à obscurcir les textes.

Le 22 septembre, tout le monde comprenait la lettre et l'esprit de la convention franco-italienne. Aujourd'hui, il est bien des gens qui en parlent comme d'un monument écrit dans une des langues perdues du vieil Orient. Il en est d'elle comme des inscriptions cunéiformes, dont on ne sait pas encore si elles se lisent à gauche ou si elles se lisent à droite.

A qui est-on redevable de ces ténèbres? — Aux commentateurs. On penserait que c'est pour eux qu'Homère a inventé l'épithète d'*assembleurs de nuages*.

Laissons les commentaires pour ce qu'ils valent, et voyons le texte.

Le texte dit que la France s'engage à retirer ses troupes dans le délai de deux ans.

Il ajoute que l'Italie s'engage à ne pas attaquer et à ne pas laisser attaquer.

Le pape et ses sujets demeurent en présence.

Cela fait, qu'y a-t-il de résolu? Rien. C'est une

expérience qui commence et dont le traité ne garantit point l'issue.

La royauté pontificale rentre dans les conditions normales de tout gouvernement. Elle est garantie contre les attaques du dehors, — aussi bien contre les *voies souterraines* que contre les entreprises à main armée ; — mais elle cesse d'être protégée contre ses sujets.

Le pape-roi et les Romains s'accorderont-ils ? Le parti clérical dit oui, à la condition que l'Italie exécutera loyalement le traité. Mais il considère cette condition comme impossible, cette supposition de la loyauté de l'Italie comme dérisoire ; et il en donne pour raison que Florence est la patrie de Machiavel, et que Cialdini a fait Castelfidardo.

Nous lui répondons qu'avant Castelfidardo, l'Italie n'avait rien promis, et qu'aujourd'hui elle a engagé sa parole envers la France ; nous affirmons, après l'honorable général Lamarmora, que le cabinet de Florence rivalisera de loyauté avec le cabinet de Paris ; nous disons qu'il n'y aura ni conspiration ni propagande occulte, et nous ajoutons que l'Italie serait bien sotte d'adopter une politique de déloyauté, car elle n'en a pas besoin.

La royauté pontificale tombera, comme tombent les feuilles en automne, parce que la vie s'est retirée d'elle, ou, pour parler sans métaphore, parce qu'elle est en opposition avec les idées de ce temps.

Voilà bientôt quinze ans que le président de la République, qui s'appelait Louis-Napoléon Bonaparte, écrivait à Edgard Ney la fameuse lettre où il déclarait que la République française n'était pas allée à Rome pour y détruire la liberté des Romains, et où il formulait ainsi le *minimum* des concessions que la civilisation moderne est en droit d'exiger du gouvernement des prêtres : « Amnistie, régime libéral et Code Napoléon. »

Voilà quinze ans que Pie IX répond à ces demandes si modérées par son éternel *non possumus.*

Non possumus : — c'est-à-dire nous ne pouvons nous accommoder ni de vos libertés politiques, ni de vos libertés civiles.

En présence de cette fin de non-recevoir, le gouvernement impérial s'est trouvé dans une situation fort difficile.

L'Empire avait hérité de l'expédition de Rome ; il ne l'avait point faite. L'expédition de Rome avait été faite sous la République, contre la République, par les hommes de la rue de Poitiers, par les chefs des réactions monarchiques, par ceux-là mêmes qui, de 1849 à 1851, firent peser sur les publicistes démocrates, sur les instituteurs socialistes, sur les professeurs libéraux, et jusque sur les représentants du peuple, une *terreur blanche* dont l'impartiale histoire gardera le souvenir. L'Empereur n'avait jamais désavoué les déclarations du président de la République en faveur de la liberté des Romains ; il ne les avait jamais oubliées. Son but avait toujours été la conciliation de l'indépendance du saint-siége et des droits d'un peuple « qu'on condamnait à une immobilité et à une oppression éternelles. » L'obstination du pape (obstination d'autant plus invincible qu'elle avait, comme nous l'avons expliqué, une raison d'être métaphysique) rendait cette conciliation impossible. Dès lors, que restait-il à faire? S'en aller. Mais, en quittant Rome, il ne fallait point permettre qu'un autre y entrât. Or quatre puissances pouvaient prétendre, en leur qualité de catholiques, à l'honneur d'être les sentinelles du saint-siége : Naples, l'Espagne et l'Autriche, aidée de la Bavière. On devait redouter que, le jour où le drapeau tricolore ne flotterait plus dans la ville des papes, l'occupation française, qui empêchait du moins certains excès, n'y fût remplacée par une autre occupation, qui assurerait au gouvernement des cardinaux leur pleine liberté d'action, qui ferait de Rome le tombeau des Romains et le calvaire de la patrie italienne. Tant que ce danger exista, il fallut demeurer. On sentait fort bien qu'on était en contradiction avec la politique de la lettre à Edgard Ney ; mais on resta pour éviter un plus grand mal. Plus tard, alors que l'Autriche avait perdu la Lombardie, que les ducs, ses vassaux, avaient pris le chemin de l'exil, que les Bourbons de Naples avaient fui devant les Mille de Garibaldi, en 1860, l'Empereur fit une première tentative pour mettre fin à cette expédition, dont il n'avait jamais approuvé les résultats contraires au droit national et au principe de non-intervention. En 1862, le 20 mai, il écrivit à M. Thouvenel une lettre qui peut être considérée comme le point de départ de la situation actuelle.

Il y rappelait qu'il avait toujours soutenu la même politique à l'égard de l'Italie, soit à la tête d'un pouvoir limité comme président de la République, soit à la tête d'une armée victorieuse sur les bords du Mincio.

Il reconnaissait que, si le saint-siége a des soutiens zélés parmi tous les catholiques fervents, il a contre lui tout ce qui est libéral en Europe. Et il ajoutait : « Il passe pour être, en politique, le représentant des préjugés de l'ancien régime, et aux yeux de l'Italie, pour être l'ennemi de son indépendance, le partisan le plus dévoué de la réaction. Aussi est-il entouré des adhérents les plus exaltés des dynasties déchues, et cet entourage n'est point fait pour augmenter en sa faveur les sympathies des peuples qui ont renversé ces dynasties. »

Enfin il concluait ainsi : « Pour que le pape soit maître chez lui, l'indépendance doit lui être assurée, et SON POUVOIR LIBREMENT ACCEPTÉ PAR SES SUJETS. »

On sait comment l'honorable et regretté M. Thouvenel échoua dans la tentative qu'il fit alors auprès de la cour de Rome. On sait également dans quelles circonstances M. Drouyn de Lhuys lui succéda, et avec quel frémissement d'espérance le retour aux affaires du ministre qui avait dirigé l'expédition de Rome, et qui avait toujours passé pour favorable à l'alliance autrichienne, fut accueilli par les catholiques fervents.

Le 12 septembre 1864, le même M. Drouyn de Lhuys, toujours ministre des affaires étrangères, adressait à M. de Sartiges une dépêche dans laquelle on lisait : « Combien de raisons n'avons-nous pas de souhaiter que l'occupation ne se prolonge pas indéfiniment ! Elle constitue un acte d'intervention contraire à l'un des principes fondamentaux de notre droit public, et d'autant plus difficile à justifier pour nous, que notre but, en prêtant au Piémont l'appui de nos armes, a été d'affranchir l'Italie de l'intervention étrangère. » Et plus loin : « Les deux gouvernements n'obéissent pas aux mêmes inspirations et ne procèdent pas d'après les mêmes principes. Notre conscience nous oblige trop souvent à donner des conseils que trop souvent aussi celle de la cour de Rome croit devoir décliner. Si notre insistance prenait un caractère trop marqué, nous semblerions abuser de la force de notre position, et, dans ce cas, le gouvernement pontifical perdrait devant l'opinion publique le mérite des résolutions les plus sages. D'autre part, en assistant à des actes en désaccord avec notre état social et avec les maximes de notre législation, nous échappons difficilement à la responsabilité d'une politique que nous ne saurions approuver. Le saint-siége, en raison de sa nature propre, a ses codes et son droit particuliers, qui, dans bien des occasions, se trouvent malheureusement en opposition avec les idées de ce temps. »

Et maintenant, qu'on épilogue tant qu'on voudra sur la translation de la capitale à Florence, qui est « un gage » et non pas « une étape »; sur la dépêche du 30 octobre à M. Malaret, aussitôt complétée et rectifiée par la dépêche dictée par l'Empereur lui-même à M. Nigra, sur les *propositions* de M. Drouyn de Lhuys, et sur la *liberté d'action* que la France se réserve, et que l'Italie ne se réserve pas moins, au cas où une insurrection *spontanée* viendrait à éclater à Rome ; on ne parviendra à donner le change à personne sur les véritables tendances et la parfaite unité de la politique impériale à l'égard de l'Italie. On ne persuadera à aucun homme de bon sens que l'Empereur soit disposé à entreprendre une seconde expédition de Rome, après avoir reconnu si hautement combien la première était en contradiction avec les inspirations de son gouvernement et les principes d'après lesquels il procède.

Deux choses étaient nécessaires « pour que le pape fût maître chez lui » : il fallait « que l'indépendance lui fût assurée, et que son pouvoir fût librement accepté par ses sujets ».

L'évacuation de Rome assure l'indépendance du pape.

C'est au pape, et au pape seul, qu'il appartient aujourd'hui de faire accepter son pouvoir par ses sujets, et de le faire accepter *librement*

Si ses sujets ne l'acceptent pas, la France ne le leur imposera pas une seconde fois. Les Romains deviendront ce qu'ils voudront, et il est incontestable qu'ils voudront être Italiens.

Cela est clair.

V

Nous n'avons jamais lu un article de M. de la Guéronnière, sans songer à Socrate, — non pas au Socrate de l'histoire, mais à celui de la comédie.

Nous aimons à nous représenter le noble et éloquent rédacteur en chef de *la France*, suspendu entre terre et ciel, dans le panier où Aristophane jucha le plus sage des hommes; et tandis que les strophes majestueuses coulent de ses lèvres, qu'il fait dialoguer le juste et l'injuste, le vrai et le faux, la liberté et le droit divin, 89 et le moyen âge, la civilisation et l'Église, et rhythme leurs contradictions selon le mode ionien, les nuées, ses filles chéries, se rassemblent autour de lui, et le dérobent aux regards des profanes mortels.

M. de la Guéronnière est impérialiste et catholique. En sa qualité d'impérialiste, il s'y prend chaque jour de façon à nous persuader que Napoléon III est le pseudonyme d'Henri V; en sa qualité de catholique, il cède bénévolement à Victor-Emmanuel les Marches et les Romagnes, à condition que ce souverain lui laissera Rome, qui est sa propriété et l'oasis où sa rêveuse pensée va chaque soir en pèlerinage, au risque d'y être coudoyé par les rédacteurs de *l'Union* de Paris et de *la Correspondance de Rome.*

L'honorable sénateur n'a qu'un but depuis deux mois : persuader aux gens qu'il ne comprend pas la convention franco-italienne. Cet aveuglement le met à l'aise vis-à-vis du gouvernement qu'il respecte et vis-à-vis des actionnaires de *la France* qu'il vénère. Il avait cru d'abord pouvoir compter sur l'alliance de M. de Girardin. Il s'était trompé. M. de Girardin a eu, au lendemain de la seconde dépêche de M. Drouyn de Lhuys à M. Malaret, un accès de bon sens qui a inquiété ses amis. Il avait invoqué l'autorité de M. Jules Favre ; l'honorable député du Rhône a répondu « qu'il conseillait de toutes ses forces à l'opposition italienne d'accepter la convention du 15 septembre. »

N'ayant « ni Lambert, ni Molière », ni M. Émile de Girardin, ni M. Jules Favre, M. de La Guéronnière a dû s'appuyer sur des autorités moins considérables et ne dédaigner aucune alliance, si compromettante qu'elle fût pour sa dignité sénatoriale.

Il a donc appelé tour à tour à son aide :

1° M. Mazzini...

2° M. Boggio, qui a la manie innocente de faire des brochures et de les dédier aux gens sans avoir obtenu leur aveu, et l'habitude plus fâcheuse de raconter au public les conversations qu'il a eues avec ses amis, et même, si nous en croyons M. Jules Favre, de les accommoder un peu trop librement aux besoins de sa cause.

3° M. Grégory Ganesco, farouche républicain, incapable de transiger avec César, *justum ac tenacem propositi virum;* grand pourfendeur de la démocratie *assermentée*, grand admirateur de *la liberté comme en Autriche*, d'ailleurs esprit impartial et véritablement politique, qui sait rendre hommage, quand il le faut, à « l'intelligence et au dévouement » des ministres de César, et ne point refuser justice à M. Drouyn de Lhuys.

4° Le citoyen P. J. Proudhon, naguère la terreur des bourgeois, au temps où il détrônait le bon Dieu et démolissait la propriété, aujourd'hui réconcilié avec l'Église, se proclamant lui-même *catholique* et *clérical*, et déclarant, avec un fier dédain de tous les préjugés, qu'il ne croit pas plus à la résurrection de l'Italie qu'à celle de la Hongrie et de la Pologne. — M. P. J. Proudhon est très-apprécié, comme homme politique, dans les bureaux du *Figaro* et du *Nain Jaune*.

5° M. le marquis de la Rochejaquelein, sénateur, qui n'hésite pas à préférer la politique de Bayard à celle du connétable de Bourbon. Nous admirons avec quelle énergie M. le sénateur flétrit les hommes qui ont une fois changé de drapeau, mais nous ignorions que Bayard eût eu une politique.

6° Enfin la légion des *officieux*, dont la mission spéciale a toujours été, un acte du gouvernement français étant donné, de démontrer que cet acte doit satisfaire également A et B, lors même que les intérêts de A et les intérêts de B sont absolument en contradiction.

VI

Dans le cas présent, A, c'est le parti libéral, qui veut l'unité de l'Italie;

B, c'est le parti clérical, qui veut le maintien du pouvoir temporel.

Nous pensons que si A est raisonnable, il se déclarera parfaitement satisfait de l'acte diplomatique du 15 septembre.

Mais nous doutons que toute l'éloquence de MM. Limayrac et Grandguillot puisse réconcilier B avec la politique impériale.

Le parti clérical ne se laisse pas enguirlander facilement. Il veut, comme Agrippine,

> Un peu moins de respect et plus d'obéissance.

Le parti clérical ne peut être l'allié d'un gouvernement : il est son ennemi ou il est son maître.

Or, au mois de novembre 1864, le parti clérical n'est pas le maître en France.

Ce qui ne l'empêche pas d'y être fort puissant.

La Congrégation (vieux mot, mais commode pour désigner un parti qui est aujourd'hui en pleine floraison) est partout. Par les sociétés de Saint-Vincent de Paul, de Saint-François-Xavier, de Saint-François-

Régis; par la confession, par la direction, par les retraites spirituelles, par la confrérie du Rosaire, elle a un pied dans toutes les familles. Elle se recrute surtout parmi les adhérents des dynasties déchues.

Elle se glisse dans toutes les administrations publiques ou privées; les plus hauts emplois et les places les plus lucratives sont pour elle dans nos institutions de crédit et d'escompte, et le gouvernement lui ouvre avec plus de désintéressement que de clairvoyance ses préfectures et ses ministères!

La Congrégation n'est point satisfaite. Et hier encore, le plus fougueux des évêques du Midi employait tout son art à bien encadrer ce mot : PONCE PILATE.

Nous ne demandons point qu'on proscrive les associations catholiques, bien que les catholiques aient applaudi en 1852 à l'interdiction des sociétés démocratiques. Nous voulons la liberté pour tous, l'Église libre dans l'Etat libre. Nous demandons seulement que la Congrégation ne joue pas plus longtemps un double jeu, que nous trouvons parfaitement immoral, et qui consiste à s'attribuer à la fois l'honneur d'une opposition implacable et l'avantage des situations officielles.

Nous ne croyons pas qu'un gouvernement ait rien à gagner à s'entourer d'hommes qui ne pardonneront jamais à ses respects les coups qu'il leur a portés.

Nous pensons que la politique la meilleure est toujours la plus franche, et que la seule politique possible en 1864 peut se résumer en deux mots : LES NATIONALITÉS à l'extérieur, LA LIBERTÉ à l'intérieur...

Mais hélas! au mois de novembre 1864, on attendait encore le couronnement de l'édifice !

J. LABBÉ.

379 – Paris, impr. Jouaust et fils, rue Saint-Honoré, 338.

www.ingramcontent.com/pod-product-compliance
Ingram Content Group UK Ltd.
Pitfield, Milton Keynes, MK11 3LW, UK
UKHW032018260826
14628UKWH00006B/2559

9 782011 788252